EXAMEN

DE L'OUVRAGE AYANT POUR TITRE

DE LA DÉFENSE DU TERRITOIRE.

FOTIFICATIONS DE PARIS,

PAR

L'AUTEUR DE L'OUVRAGE INTITULÉ

DU PROJET DE FORTIFIER PARIS;

OU

EXAMEN D'UN SYSTÈME GÉNÉRAL DE DÉFENSE.

PARIS,

J. CORRÉARD, ÉDITEUR D'OUVRAGES MILITAIRES,

RUE DE TOURNON, N° 20.

ANSELIN ET G.-LAGUIONIE,   MICHELSEN, LIBRAIRE,

LIBRAIRES, RUE DAUPHINE, 36.   A LEIPZIG.

1841

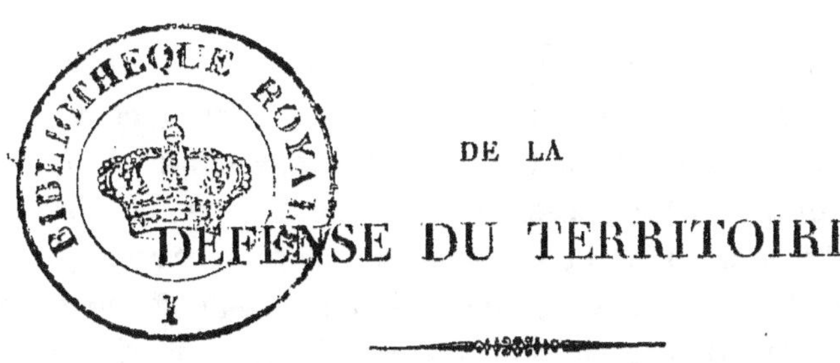

DE LA

DÉFENSE DU TERRITOIRE.

FORTIFICATIONS DE PARIS [1].

Dans l'éta actuel des frontières continentales de la France, la question soulevée de nouveau ici est, surtont dans le moment actuel, de la plus haute importance. Les moyens d'attaque n'ont pas cessé, depuis un demi-siècle, de s'étendre et d'augmenter en puissance, et cependant nos moyens permanents de défense sont restés les mêmes.

Les invasions de 1814 et 1815 avaient pourtant fait songer à nous créer des moyens de résistance plus efficaces que ceux que nous possédons, et qui appartiennent à un système de guerre qui n'est plus de nos jours.

D'une part, on avait reconnu l'inutilité de nos nombreuses petites places, disséminées comme au hasard sur nos frontières, et la nécessité d'en élever sur divers points stratégi-

(1) Par le capitaine d'artillerie Madelaine. Brochure in-8°., chez Gaultier-Laguionie, rue et passage Dauphine, n° 36.

ques dans l'intérieur. Mais après avoir beaucoup disserté et beaucoup écrit sur ce grave sujet, *sans rencontrer aucun contradicteur*, on s'est contenté d'entretenir à grands frais nos plus qu'inutiles 150 mauvaises places, absorbant un matériel énorme et 250 à 300 mille hommes de garnison, sans être aucunement susceptibles d'empêcher l'ennemi de pénétrer dans l'intérieur de la France où nos armées se trouveraient dépourvues de points d'appui et même d'approvisionnements de guerre de toute espèce, tout étant concentré dans nos places frontières (1).

D'une autre part, il s'agissait d'enceindre Paris de fortifications; mais cette haute question tant controversée, « resta » quelque temps assoupie entre le projet d'une enceinte » continue et celui de forts détachés. »

« Chacun des deux systèmes était entaché de défauts que lui reprochaient les partisans de l'autre système, et la polémique animée, les vives discussions qui eurent lieu, n'avaient abouti qu'à les faire rejeter l'un et l'autre, ou au moins à les délaisser. »

Et même tout récemment le général Rogniat, quelques mois avant sa mort si soudaine, dans sa réponse à l'auteur de l'ouvrage intitulé : *Du projet de fortifier Paris*, avait entièrement abandonné l'un et l'autre projet; et d'accord sur ce point avec l'auteur auquel il répondait, il s'en tenait au *mur de sûreté actuel, rectifié et consolidé*, et il adoptait une ligne à fortifier beaucoup plus en avant que celle que devaient occuper les *forts détachés*.

(1) Nous n'entendons point parler des places de Strasbourg, de Metz et Lille. Cependant l'influence de ces places devrait être augmentée.

Cette ligne il la prenait :

« De Nogent-sur-Marne à Saint-Denis ,

« De Saint-Denis au pont de Sèvres , en suivant la rive droite de la Seine ,

« Et de ce point à Meudon, puis à Ivry et à Charenton ; ce qui présente l'avantage de tenir les batteries incendiaires entièrement hors de portée de la ville et de rendre à peu près impossible le blocus de Paris. »

Le général motivait cette résolution sur ce *qu'il ne voulait pas convertir cette capitale en une immense place forte par une enceinte de siége* (1).

Aujourd'hui, le gouvernement adopte à la fois les deux systèmes, *enceinte continue, ou de siége, et forts détachés*.

« Il a fallu , sans doute, des circonstances très graves et telles que celles dans lesquelles nous nous trouvons, pour que le gouvernement ait pu prendre une aussi grande résolution que celle de fortifier Paris, résolution qui ne saurait être que louable si, dans de telles circonstances, on n'avait en vue que d'exécuter les travaux les plus pressants, ayant pour but de mettre la capitale d'abord à l'abri d'un coup de main ou d'une attaque de vive force. » Mais il n'en est pas ainsi : on entreprend d'immenses travaux, qui exigeront d'immenses dépenses, par conséquent un assez grand nombre d'années pour leur exécution, ou qui plutôt ne seront jamais achevés.

Le gouvernement ne travaille donc pas pour se mettre en mesure dans le cas présent.

______

(1) Page 25 de la réponse du général Rogniat, à l'auteur de l'ouvrage intitulé : Du projet de fortifier Paris, ou Examen d'un système général de défense.

D'après le projet arrêté, le corps du génie porte l'enceinte continue sur la ligne que devaient occuper les forts, et il doit construire les forts, au nombre de 18 ou 20, sur la ligne, ou à peu près, adoptée par le général Rogniat.

Or, on estime le développement de l'enceinte continue à *onze lieues*, 100 fronts, et celui de la ligne des forts détachés à *vingt-trois lieues*, en tout *trente-quatre lieues* de lignes fortifiées !

Conçoit-on une pareille profusion de fortifications sur un seul point et à l'exclusion de toute autre position stratégique! Ne voit-on pas de quel énorme poids elles pèseront sur la population et les propriétés rurales en servitudes militaires !

Ne voit-on pas qu'en faisant de Paris le grand et unique boulevard de la France, c'est en même temps faire de la capitale le seul point de retraite, le seul appui de notre armée dans le cas où elle ne pourrait plus tenir en rase campagne, et que c'est évidemment ce que l'ennemi verrait avec plaisir, bien sûr qu'il serait de réduire promptement et la ville et l'armée à la famine (1).

Pourrait-on donner même un simple aperçu de la dépense qu'occasionnerait l'exécution de ces projets gigantesques ? Le gouvernement y affecte d'abord *cent millions !* Mais ce n'est certainement là qu'une faible partie de la dépense dans laquelle on serait entraîné.

Si à la valeur des terrains et bâtiments expropriés, et à celle des constructions de fortifications nous ajoutons celle

(1) On ne conçoit pas qu'on ait pu avancer que la fortification seule de Paris assurait le sort du royaume ! que les fortifications de cette ville et celles de Lyon assuraient suffisamment la défense de la France !

des bâtiments à construire pour magasins, etc., et la valeur des approvisionnements divers de matériel et de munitions que nécessiteront d'aussi gigantesques lignes de défense, nous pouvons, sans crainte d'exagérer, estimer la dépense première à vingt millions par lieues : ainsi les 34 lieues de lignes fortifiées donneraient une dépense totale de 680 millions, au moins.

Mais prenons une base plus directe d'estimation :

La dépense de construction d'un front de fortification, dans toute autre partie de la France, est généralement estimée à un million.

Or, à Paris, cette dépense doit être au moins de trois millions : donc pour 100 fronts,   300 millions.

20 forts ou forteresses, y compris les places de Charenton, Saint-Denis et le Mont-Valérien, à 15 millions l'un dans l'autre   300

Bâtiments pour casernes, magasins, etc.   60

Matériel d'artillerie, approvisionnements   40

                    Total   700 millions.

Et à côté de ce capital énorme enfoui dans de stériles constructions viendraient se ranger les frais de garde et d'entretien pendant de longues années de paix !... Eh ! sans doute, de longues années de paix ! Est-ce que l'état de paix n'est pas présentement l'état normal des nations civilisées ?

Et cependant, contrairement à l'opinion bien positive du général Rogniat, on voudrait convertir Paris en une immense *place forte*, en une perpétuelle *place de guerre*, dans toute l'acception du mot !

Quoi ! l'état normal de cette cité de un million d'âmes, de ce brillant foyer de la civilisation des peuples, de ce centre des arts, des sciences, du commerce et de l'industrie, ce rendez-vous général d'une foule d'étrangers. cette capitale enfin des peuples civilisés, son état normal serait l'état de guerre! Non, non, cela est impossible. On peut convertir en place forte, en place de guerre, Saint-Denis, Charenton et autres villes ou positions stratégiques entre Paris et nos frontières; mais Paris lui-même, jamais! cela est impossible en fait aussi bien qu'en principe.

On a pu donner à ce projet un commencement d'exécution, on peut même continuer les travaux une année, deux années, trois années de suite. Mais n'importe, il sera abandonné, et fût-il enfin, avec le temps, complétement exécuté, il n'en tomberait pas moins sous le poids de la saine raison et de l'opinion, non de l'opinion populaire que certes nous ne cherchons point à invoquer, mais de l'opinion nationale, de l'opinion éclairée des hommes de l'art même qui, dès ce moment, le condamne!

Et cependant des millions par centaines auront été dépensés sans utilité quelconque; des millions dont seulement une faible partie employée avec discernement suffirait parfaitement pour remplir l'objet que l'on doit se proposer.

D'ailleurs, si l'ennemi était en force sous les murs de la capitale, de quel avantage serait pour elle une enceinte de siége? De deux choses l'une, ou l'ennemi attaquerait cette enceinte dans les formes, ou il se contenterait de la cerner en interceptant les communications de la ville avec l'extérieur.

Ainsi, dans l'un et l'autre cas, puisque l'ennemi serait en force, Paris avec son immense population serait amené plus ou moins promptement à une capitulation; et alors les conditions de cette capitulation seraient certainement plus onéreuses avec une enceinte de siége qu'avec un simple mur de sûreté, et cela par la seule raison que Paris serait, dans le premier cas, considéré comme place de guerre, et qu'une place de guerre subit ordinairement, lorsqu'elle est attaquée, toutes les conséquences de la guerre. Elles seraient d'autant plus onéreuses, ces conditions, que l'attaque aurait été poussée plus loin.

Or, peut-on supposer qu'un général gouverneur, renfermé avec de nombreuses et bonnes troupes dans une enceinte bastionnée, avec escarpes, fossés et glacis, enceinte qui aurait coûté plusieurs centaines de millions, voudrait abandonner un tel poste, consentirait enfin à capituler tant qu'il aurait des vivres, ou avant qu'une brèche jugée praticable fût faite à cette gigantesque enceinte? Pourrait-on le supposer, si l'on considère d'ailleurs que cette conduite serait éminemment contraire, d'abord à la loi du devoir et de l'honneur, et ensuite au décret du 24 décembre 1811 rappelant les lois de Louis XIV, celles des 26 juillet 1791 et 21 brumaire, an v, d'après lesquelles un gouverneur n'est laissé libre de rendre la place, *sous peine de mort, qu'après avoir repoussé au moins un assaut au corps de place sur des brèches praticables.*

Si d'après cela on se figure les chances que l'on fait courir à une cité en repoussant un assaut sur ses remparts, on tremblera d'avance pour la ville de Paris ! Malgré la valeur des défenseurs, l'assaut peut réussir, et dès-lors vient le pillage et les horreurs d'un sac !

Dans ce moment de la plus affreuse et de la plus épouvantable extrémité, les vainqueurs sont d'autant plus animés, furieux et barbares, qu'ils ont éprouvé plus de résistance. Quand on a vu à l'étranger plusieurs scènes de cette nature, on peut les redouter pour son pays. D'ailleurs, dans une ville prise d'assaut tout est au vainqueur, richesses particulières comme richesses publiques. Quelle chance à courir pour la capitale de la France !

Ces chances-là on les fait courir à une place de guerre, on le doit dans tous les cas : les places fortes sont faites pour cela. Mais est-ce qu'une cité de un million d'âmes peut, même avec une enceinte de siége, être considérée, par l'État auquel elle appartient, comme place de guerre? Non certes, car ce serait contre tous les principes et militaires et politiques.

Le but d'une enceinte de siége pour Paris ne serait donc pas de donner les moyens de pousser la défense jusqu'à son maximum légal, puisque ce serait s'exposer à tout perdre.

Il serait donc nécessaire, dans cette même hypothèse, de modifier pour Paris les lois sur la défense des places; autrement, en cas de siége, le gouverneur ferait son devoir : il n'exposerait certainement pas sa tête pour garantir la ville du pillage en acceptant une capitulation avantageuse peut-être pour la cité, mais assurément honteuse pour lui et pour l'armée.

Pour éviter cette cruelle alternative, il faudrait donc qu'une loi statuât *que la défense de l'enceinte bastionnée de Paris ne serait pas poussée au-delà de l'établissement des batteries de brèche.* On pense que l'on ne devrait pas céder à moins. Savoir ensuite quelles conditions y mettrait l'ennemi.

Mais, au surplus, ne nous inquiétons pas de l'état de notre législation sur la défense des places; il ne serait pas nécessaire de rendre une loi particulière pour Paris, loi qui, à la vérité, serait peu française et peu en harmonie avec le fait d'une enceinte de siége. La population de Paris saurait bien y suppléer en obligeant le gouverneur à rendre la place avant les premiers dangers d'un assaut. La troupe pourrait-elle résister à la population? Nous ne le pensons pas.

Ainsi donc une enceinte de siége à Paris ne pourrait avoir d'autre avantage que d'obliger l'agresseur à avoir avec lui quelques canons de siége avec des fusées pour le même objet. Or, puisque nous le supposons le plus fort, il n'éprouverait pour cela que de très légères difficultés, et dans tous les cas il serait, nous le répétons, d'autant plus exigeant pour une capitulation, qu'il aurait fait plus d'efforts pour amener Paris à s'y soumettre.

Il nous semble qu'on doit conclure de ces réflexions qu'il ne faut à Paris, avec des ouvrages avancés, qu'un simple mur de sûreté comme l'a entendu le général Rogniat. Et nous ajouterons que la ligne actuelle du mur de clôture peut très bien convenir, attendu qu'elle embrasse une enceinte suffisante pour une population double de ce qu'elle est aujourd'hui à Paris.

« Sans doute il ne faut pas de discussions éternelles, car il faut agir enfin. Mais encore dans une question aussi grande, tout en faisant la part des travaux nécessaires pour mettre de suite Paris à l'abri d'une attaque de vive force, il importe que, dans l'exécution d'ouvrages bien plus considérables qui exigeront plusieurs années, la défense du territoire, le salut de la capitale, puis ses intérêts propres en temps de paix, soient autant que possible conciliés.

« Les fortifications à faire autour de Paris doivent, en effet, être dans un certain rapport avec les moyens de défense du territoire ; car, il est évident que plus l'ennemi trouverait de résistance sur son chemin, avant d'atteindre Paris, moins de grandes fortifications seraient ici indispensables.

« En effet, tous les moyens matériels de défense doivent-ils donc être concentrés sur la capitale ? Si des dix-huit ou vingt forts qui doivent cerner Paris, quelques-uns seulement, mais beaucoup plus vastes, étaient détachés sur la route que doit tenir l'ennemi ; qu'ils fussent dans des positions avantageuses sur des rivières : la Seine, la Marne, l'Oise, où ils serviraient à la fois de têtes de pont et de camps retranchés , qu'il serait facile d'étendre, de fortifier solidement et à peu de frais ; quels services ne pourrait-on pas en attendre, et dans l'intérêt de l'armée qui y trouverait des ressources, des points d'appui, et dans l'intérêt de la capitale qui serait alors moins menacée ; enfin dans l'intérêt même de la défense en général. »

Ce que l'on rapporte des dires de Napoléon à ce sujet : — *Si j'avais eu un pont à jeter sur la Seine*, — *Si... sur la Marne*, — *Si Paris eût pu tenir 24 heures de plus !...*, confirme cette opinion.

Napoléon regrettait, sans doute, de n'avoir pas mis Paris complétement à l'abri d'une attaque de vive force ; mais bien certainement jamais il n'a, ni n'aurait pensé à faire de Paris une place de guerre ; au lieu de cela il aurait créé ce qu'il savait lui avoir manqué, avant tout, en 1814. Si à Paris on eût eu l'assurance de l'existence de quelques corps de troupes manœuvrant sur les derrières de l'ennemi, à l'appui de bons retranchements sur la Seine, la Marne, l'Aisne, on aurait défendu les retranchements de la capitale. Cela n'étant pas, le découragement devait infailliblement s'ensuivre à Paris ; et c'est là toujours ce qui arriverait, dans un cas semblable, quelles que puissent être, dans ce même cas, les fortifications de Paris.

« Les moyens inertes de défense, la fortification comme tout le matériel de guerre, n'ont de valeur que par les hommes qui doivent s'en servir. La force morale est donc un moyen aussi. mais un moyen bien plus puissant qu'il faut étendre, entretenir, afin de pouvoir en disposer au besoin.

« Par prudence, pour se mettre à l'abri de toutes les éventualités les plus malheureuses, Paris doit sans doute recevoir des moyens de défense, mais sans qu'il soit nécessaire ni même utile de faire pour cela de cette vaste capitale, de la métropole de la civilisation , rendez-vous général des étrangers, siége du gouvernement et du corps législatif, une place de guerre de premier ordre, ni même, en temps de paix, une place de guerre ordinaire.

« Attendu la situation toute particulière de Paris comme capitale de la France et du monde civilisé, comme grand centre de mouvement et de tant d'affaires, les ouvrages à construire doivent apporter le moins possible d'entraves à la circulation. Il faudrait de plus qu'ils ne pussent, dans aucun cas, être tournés contre la ville ; qu'en aucun temps celle-ci ne pût être considérée comme embastillée ; qu'enfin, en temps de paix, qui est et doit être l'état normal de la société, Paris pût être réputé VILLE OUVERTE !

« Pour cela, et eu égard à l'immense population de Paris, aux besoins multipliés et aux exigences de cette population très peu faite aux privations inévitables d'un siége, il faut que les fortifications s'étendent assez au loin pour que l'ennemi , eût-il sous les murs de Paris une armée très nombreuse, ne puisse pas le bloquer assez étroitement pour intercepter toutes communications et avec l'intérieur et avec nos corps d'armée ; il faudrait même que l'enceinte fût assez vaste pour permettre d'établir à l'intérieur des camps divisionnaires à portée des retranchements à défendre, et qui groupassent les défenseurs, en les éloignant de la population dans laquelle ils ne devraient pas être noyés.

« Il faudrait des têtes de pont sur la Seine et sur la Marne, se liant au système de défense de Paris, et servant aux communications directes de la capitale avec nos corps d'armée opérant sur les derrières de l'ennemi.

« Paris étant considéré comme position centrale, un vaste établissement militaire devrait aussi être construit dans une situation à part, non-seulement pour y réunir, en temps de paix, tout le matériel nécessaire à la défense de la capitale, et, en temps de guerre, les approvisionnements en subsistances pour les troupes; mais encore une grande quantité de matériel assorti, destiné aux besoins de nos armées sur la défensive et éloignées des places frontières, où presque tout le matériel se trouve actuellement renfermé.

« Il faudrait de plus que ce grand établissement fût dans une position telle, que l'ennemi ne pût diriger de prime abord ses tentatives sur ce point, et qu'il ne pût s'en emparer que par un second siége, qu'enfin cette place concourût aussi à la défense de Paris.

« Enfin, attendu les circonstances graves dans lesquelles nous nous trouvons, il importerait que le tracé des ouvrages fût tel, qu'ils se prêtassent au besoin à une résistance la plus prochaine, et qu'enfin ils pussent à l'aise être mis en état permanent de défense, sans faux frais notables.

« Or, en mettant à profit les obstacles naturels, les cours d'eau, etc., outre l'économie de temps et d'argent dans la construction des ouvrages, ces obstacles offriraient d'autres avantages bien plus précieux encore contre les surprises et les attaques de vive force.

« En suivant le cours de la Seine dans ses circuits, en tenant compte du canal de Saint-Denis, des inondations, des fossés pleins d'eau, du cours de la Marne, etc., on trouve que du saillant de la presqu'île de Croissi jusqu'à Saint-Denis, de Saint-Denis jusqu'à Pantin, du pont Saint-Maur jusqu'à Charenton, etc., des retranchements pourraient être établis derrière ces obstacles, avec de tels avantages qu'il n'y aurait plus, sur une si vaste étendue, à se garer des surprises et des attaques de vive force, que de Pantin au bois de Vincennes, et à combiner les ressources de la fortification pour mettre ces dernières positions sur un pied de défense assez respectable (1).

« Maintenant, que l'on considère cette grande enceinte telle qu'il nous semblerait convenable de la faire , ce vaste pourtour de fortification où les obstacles naturels, les circuits de la Seine, de la Marne, les canaux de Saint-Denis et de l'Ourcq, les inondations de Saint-Denis, les bois de Vincennes et de Boulogne, les hauteurs de Romainville, celles le long de la Marne et du Mont-Valérien, hauteurs des plus avantageuses ; que l'on considère ces positions où tous les obstacles jouent leur rôle et peuvent être mis à profit pour la défense ; que l'on considère l'éloignement où l'ennemi serait tenu : à gauche, par la position d'Argenteuil, nœud de toutes les communications de ce côté, venant du nord-est ; à droite, par le grand coude que fait la Marne. Avec une telle enceinte, les alliés, quelque nombreux qu'ils fussent, pourraient-ils parvenir à bloquer la capitale et à occuper pour cela une étendue de plus de vingt lieues ; à être sur tant de points en force suffisante ? Même sur la rive droite au nord, d'Argenteuil à Charenton, sur une distance de plus de neuf lieues, l'ennemi pourrait-il être maître également partout de cette vaste étendue de terrain ?

« A considérer encore qu'Argenteuil étant occupé, nous assurerait une communication importante avec nos corps

(1) Voir dans la brochure la description des divers travaux à exécuter pour la défense de cette ligne qui, à quelques différences près, est celle qui avait été adoptée par le général Rogniat.

d'armée, qu'il interdirait à l'ennemi le passage de la Seine au Pecq, et couvrirait ainsi Saint-Germain, Versailles, les communications avec l'intérieur, les convois divers, etc.

« Mais cette étendue à garder, dira-t-on, sera beaucoup trop grande. Objection peu fondée, puisque les quatre cinquièmes environ de cette étendue seront défendus par des obstacles naturels, et que ni surprises, ni attaques de vive force n'y étant à craindre, et les défenseurs ne manquant pas, il n'y aurait pas là nécessité d'employer des troupes aguerries.

« Du reste, la solution de cette question est encore subordonnée à l'usage qu'on ferait de l'artillerie et à la manière dont les fortifications seraient appropriées à son emploi. Plus les effets que l'artillerie pourrait produire seraient mis à profit, plus la résistance serait efficace, et moins il faudrait de défenseurs et de fusiliers.

« Des bouches à feu, de la poudre et des projectiles, des bois pour blindages, des sacs à terre et des gabions, puis des artilleurs en conséquence pour utiliser toutes ces choses ; voilà quels pourraient être les principaux éléments d'une bonne défense derrière des retranchements solides et bien entendus.

« La garnison entière, gardes nationaux, soldats et recrues, seraient répartis dans des camps hors de Paris, assez éloignés des retranchements pour être entièrement hors de portée des projectiles ennemis. »

A ces dispositions spéciales pour la défense propre de Paris, l'auteur ajoute comme complément ou plutôt comme base de son système de défense du territoire :

« 1° Troyes sur la Seine et Châlons sur la Marne, grandes places, boulevards intérieurs se liant avec Soissons sur l'Aisne, place déjà existante, mais à agrandir encore s'il le faut pour en faire une position formidable.

« 2° Quelques doubles têtes de pont permanentes sur la Seine, l'Aube, la Marne et l'Aisne.

« 3° Un ou deux postes retranchés au midi dans les Vosges.

« 4° Enfin la DÉMOLITION des fortifications d'un grand nombre de petites places sur la frontière.

« Tels seraient en grand les travaux essentiels à exécuter, principalement pour la défense du territoire, et subsidiairement pour celle de Paris. Deux cents millions à affecter à ces travaux, y compris ceux de Paris et de ses trois forts détachés au loin sur la Seine, la Marne et l'Oise, seraient bien autrement profitables que cette même somme employée à vouloir, dans l'état actuel de nos places, rendre imprenable Paris seul, qui, eu égard à son immense population présente et à venir, à ses exigences, à ses besoins de tous les jours, ne saurait également être rendu imprenable dans toutes les suppositions admissibles.

« Enfin, à ne considérer que Paris, au lieu de dix-huit à vingt forts isolés, dont deux au plus seraient appelés à jouer un rôle, les garnisons et le matériel des autres étant paralysés (1), trois places à proximité, comme nous avons dit, seraient encore à préférer, et les cent millions déjà disponibles pourraient suffire et aux travaux d'enceinte éloignée de Paris et à ceux des trois grands forts en avant.

« Alors notre armée, forte de ces trois points d'appui, ne serait plus obligée, même dans l'état actuel de nos places, de se retirer sur Paris. La plus grande quantité de subsi-

______

(1) Des forts isolés ne peuvent nullement convenir pour une enceinte aussi étendue que celle de Paris,

stances, vivres et fourrages, entre ces camps et la capitale, étant même rentrée dans ces trois places, dans Paris et dans l'intérieur, les alliés, arrivés sous ses lignes fortifiées, trop étendues pour être bloquées, ne pouvant passer sur la rive gauche de la Seine, en force, sans compromettre leurs lignes d'opérations, ne courraient-ils pas eux-mêmes risque d'être assiégés bientôt par la disette, avant d'avoir fait de grandes tentatives pour s'emparer de la capitale, harcelés qu'ils seraient par nos troupes manœuvrant sur leurs flancs et sur leurs derrières? »

Ainsi, par les moyens les plus simples et les moins onéreux en tous points, Paris, qui ne serait plus alors réputé *place forte et place de guerre en tout temps*, pourrait toutefois être considéré comme imprenable, puisqu'il serait défendu à l'ennemi, sous peine d'être anéanti, de se présenter en force devant la capitale, avant d'avoir fait des siéges et s'être emparé au moins de deux camps retranchés.

Tel est l'exposé sommaire du projet de l'auteur qui, « pénétré de toute l'importance de ces hautes questions qui touchent à de si grands intérêts, à la défense du territoire et à la puissance nationale, livre à l'examen des citoyens, que d'aussi hautes questions doivent intéresser, le fruit de son travail, le résultat de ses réflexions. »

De notre côté, nous nous faisons un devoir de seconder les vues de l'auteur, persuadé que nous sommes que ce n'est que par la manifestation libre et publique d'opinions raisonnées, que les hautes questions de la nature de celle-ci, peuvent recevoir leur solution dans l'intérêt bien entendu de la société.

Nota. Cette opinion a été adoptée par M. le général Tirlet, pair de France.